작가의 말

오늘, 당신과 나누고 싶은 이야기

오늘도 숨 쉬듯 스며드는 작은 일상 속에서
사랑을 배우고, 감사를 느끼며,
스치우는 상처를 포근히 감싸 안고 싶습니다.

바람이 지나가듯,
햇살이 스며들 듯,
우리 마음도 그렇게
서로에게 따뜻한 온기가 되어주면 좋겠습니다.

힘들었던 하루도,
괜찮지 않았던 마음도,
'함께'라는 이유만으로
조금씩 치유되어 가는 걸 느낍니다.

오늘,
당신의 하루에도 작은 사랑이 피어나길,
그리고 감사의 향기가 스며들길,
진심으로 기도합니다.

우리 일상이 서로의 시가 되어
지금을 사랑하길 소망합니다.

2025년 7월 **표진구**

이 시집에 담긴 시들은, 모두 저의 음악 채널 [YouTube: stephanpyo5958]에서 노래로도 살아 숨 쉽니다. 글과 음의 결을 함께 느껴보시길 바랍니다.

YouTube
@stephanpyo5958

QR코드로
바로 감상하기!

당신의 하루에 머물게요

표진구 지음

차례

당신의 하루에 머물게요

작가의 말

당신의 하루에 머물게요 010
늘 너희가 그립다 012
삶을 여행한다 014
행복은 선택이야 016
당신의 하루에 018
이 느낌 참 좋습니다 020
당신이라서 좋아 022
지나온 사랑 풍경 024
시간을 춤추며 026
아침, 가장 설레이는 문장 028
지금이 되었네 029
안부의 햇살 032
사랑하게 하소서 034
그대는 나의 아침 036
이 아침, 사랑을 꿈꾸며 038
그래, 잘 했어 040
가슴에 너 042
가슴으로 맺은 너 044
그랬더니 말이예요 046

차례

그 길을 걸어 가소서!　048

햇살이 열어주는 하루　049

초록의 그대여　051

가족이라는 이름　053

나여!　055

애틋함으로, 오늘　057

인연과 추억　059

닿았다…　060

왜일까요　061

느낌표 하나　064

이젠, 나여도 될까요　066

망각의 선물　069

그냥 계속 웃어줘요　071

광야의 가슴에도　073

물속의 시　075

비 내리는 날, 그대에게　077

대나무 숲 우리 집　078

손의 두 얼굴　080

이쪽 시간, 그쪽 시간　082

한 잔의 세상을 담아　084

산의 안부　087

흙내음의 추억　089

자스민, 신의 찻잔　091

라벤더의 노래　093

수국, 그대는 빛깔로 말하네　095

차례

백합, 그즈음 설레임 097

풀꽃에게 배우는 낮은 숨 099

홀씨가 된 마음 101

마음의 옷을 갈아입으며 104

능소화, 그리움의 사다리 106

코발트 블루빛 그대섬 108

사랑나무 110

온통 미안함뿐 111

하얀 그림자에게 113

고백 그리고 다시 사랑 115

하늘이 주신 인연에게 118

바보처럼 웃는 우리 120

삶을 춤추우는 그대, 122

아픔이 머무르지 않기를 124

밥 짓는 하루 127

구수한 아침의 감사 130

그 순간, 그대로 132

사랑함에... 134

수거차가 지나간 아침 135

곡선미 137

일월 어느 한 날 138

오월엔 꽃피우게 하소서! 139

6월에는 새롭게 하소서! 140

9월엔 행복짓게 하소서! 141

또 하나의 가을을 보내며... 142

평화를 빕니다! 143

당신의 하루에
머물게요

당신의 하루에 머물게요   01

그대여 아주 오래 전 느낌을 매만지며 쑥스러움 가득한 맘을 전해요

아침햇살 가슴에 안으며
그대의 미소를 살며시 그려요
보고픔에 젖어드는 맘
조용히 내 안에 스며들어요

가늘은 바람이 스칠 때면
그건 나의 손길이라 믿어줘요

당신의 하루에 차 한 잔 머금으면
그건 나의 입맞춤이라 생각해줘요

따사로운 햇살이 마음에 안기면
그건 내가 안아주는 사랑의 온기

문득 스치는 작은 기억 속에
당신의 웃음이 날 부르네요

바쁜 하루 한켠 스치는 그리움 되어 소리없이 당신 곁에 머물게요

창가에 햇살이 내려앉을 때

그건 나의 토닥임이라 느껴줘요

당신의 하루에 또 차 한 잔 머금으면
그것도 나의 입맞춤인 걸 기억해줘요

따사로운 햇살이 마음에 안기면
그건 내가 감싸주는 사랑의 온기

내 그리움은 말없이 당신 곁을 맴돌고
당신의 하루가 따스하길 매일 기도해요

당신의 하루에 바람이 스치면
그건 내가 보낸 그리움이라 믿어요
포근한 햇살이 당신을 감싸면
그건 내가 건네는 사랑의 인사

그대여, 오늘도 고운 날이 되기를...
나 당신의 하루에...
따스히 머물게요

늘 너희가 그립다

햇살이 눈부신 어느 날엔
너희들의 웃음이 그리워
비 내리는 창가에 기대면
조용히 너희 이름 불러본다

바람이 살며시 불어와
추억이 또 내 맘을 흔들어
내겐 계절마다 네가 살아 있어
숨 쉬듯 네가 떠오르니까

나의 아이들아, 난 늘 너희가 그립다
꽃이 피어도, 눈이 와도
별이 있어도, 없어도
보고 싶다, 또 보고 싶다
너희가 있어도, 너희를 그리워했다
이 마음은 멈추질 않아
난 늘 너희들이 그립다

밤하늘이 잠든 고요한 밤
너희 숨결 찾아 헤매이다
눈을 감으면 떠오르는 건
작은 손, 맑은 웃음, 따뜻한 품

하루가 또 저물어가고
기억이 내 맘을 감싸와
아무리 닿아도 부족한 사랑
말하지 못한 그 말, 사랑해

나의 아이들아, 난 늘 너희가 그립다
꽃이 피어도, 눈이 와도
별이 있어도, 없어도
보고 싶다, 또 보고 싶다
너희가 있어도, 너희를 그리워했다
이 사랑은 멈추질 않아
난 늘 너희들이 그립다

시간이 흘러도 지워지지 않아
너희 향기가 내 삶을 감싸
다시 만날 그날을 꿈꾸며
오늘도 널 부른다

나의 아이들아, 난 늘 너희가 그립다
햇살 아래, 빗속에서
밤하늘 그 어디에서도
보고 싶다, 너무 보고 싶다
너희를 볼 때조차 보고 싶었다
이 사랑은 끝나지 않아
난 늘 너희들이 그립다

삶을 여행한다

03

삶을 여행한다
나 오늘도 하루를 걷는다
사랑의 개나리 봇짐 메고
작은 마음 하나 안고 떠난다

이 길 끝에 무엇이 있든
나는 몰라도 괜찮다네
중요한 건, 오늘 만난 그대
눈빛 속에 담긴 봄이다

이보소 나여!
재물도 명성도
그대가 돌아갈 곳은
자연과 누군가의 가슴이라오

이보소 나여!
집착은 내려놓고
사랑 보따리 풀어
함께 웃고, 함께 노래하세

때론 외롭고
때론 눈물 고여도
그건 여행길의
잠깐의 소나기일 뿐

햇살이 다시 뜨면
또 누군가를 만나겠지
그 손 잡고 흙길을 걷는
그 자체가 축복이라오

행복은 선택이야

04

행복은 먼 곳에 있지 않아
무언가 이뤄야만 오는 것도 아냐
햇살 스미는 이 아침처럼
그저 조용히 날 맞이해

감사를 택한 오늘 하루
어제의 눈물도 안아주고
사랑을 품은 나의 마음엔
조금씩 웃음이 피어나네

행복은 삶의 목표가 아냐
그저 주어진 여정 속의 선택
고요한 마음이 전하는 노래
너도 나도 함께 부르자
오늘도 나는 행복을 선택해

바람은 말하네 "지금 이 순간이 좋아"
작은 것에도 따뜻해질 수 있다면
그게 바로 사랑이고, 그게 바로 나야
그리고, 그게 바로 행복이야

행복은 삶의 끝이 아니야

그저 오늘의 작은 걸음 하나
감사로 물든 평범한 하루가
우리에게 속삭여주네
행복은… 아주 간단해

나는 바래, 너도 오늘
행복을 얻길…
그리 어렵지 않으니까…

당신의 하루에

05

나 청청한 바다로
주단을 엮어내어
당신의 하루 위에
살며시 펼쳐봅니다

나 파아란 바람으로
날개깃 지어내어
당신의 하루 끝에
살며시 붙여봅니다

해변의 모래알처럼
무수한 기쁨들이
당신 곁에 머물기를
소리 없이 속삭여봅니다.

바다를 튕기는
햇살의 반짝임처럼
당신의 하루가
고요히 빛나기를

나 잔잔한 파도로
마음을 적셔내어

당신의 걸음마다
평화를 수놓아봅니다

나 하늘빛 구름으로
그늘을 자아내어
당신의 창가에
커튼을 달아봅니다.

해변의 모래알처럼
무수한 기쁨들이
당신 곁에 머물기를
두손모아 흥얼거려봅니다.

바다를 튕기는
햇살의 반짝임처럼
당신의 하루가
고요히 빛나기를

이 작은 노래 한 줄로
당신의 하루 끝에
따뜻한 미소 한점
남아 있기를…

이 느낌 참 좋습니다

따스한 커피잔에 두 손을 감싸면
은은한 향기 속에 스며드는 너
창밖의 햇살처럼 다가온 그 기억
문득 너의 겸손한 향기를 느껴

이 느낌 참 좋습니다
가만히 스며드는 너
시간이 멈춘 듯한 순간에
내 마음이 너를 안아요
이 느낌 참 좋습니다

이어폰 속 음악은 잔잔히 흐르고
귓가에 머무는 너의 목소리
낯익은 그 말투에 나도 몰래 웃다
또다시 널 느끼게 돼

이 느낌 참 좋습니다
그때 그 온기처럼
잊은 줄 알았던 그 미소가
내 하루를 밝혀주네요
이 느낌 참 좋습니다

지나온 시간 속 사진을 꺼내
무심코 넘기다 멈춘 그 장면
멍하니 바라보다 눈이 마주쳐
그때의 너, 그 미소

이 느낌 참 좋습니다
말없이 다가오는 인연
시간이 데려온 그 순간이
오늘을 안아주네요
이 느낌 참 좋습니다

당신이라서 좋아

07

나는 당신이 당신이라서 그냥 좋아요
말하지 않아도 느껴지는 온기
가끔은 멀어질까 걱정도 되지만
그저 곁에 있는 걸로도 충분해요

때론 당신 때문에 마음이 흔들려도
상처 주지 않으려 애를 써도
그래도, 그래도 난 변하지 않아요
나는 당신이 그냥 당신이라서 좋아요

조금 서툴고, 말이 엇갈릴 때도
그 속에 숨은 진심을 난 알아요
함께 있는 시간이 날 부드럽게 해
조용히 내 안에 머물러줘요

때론 당신 때문에 눈물이 고여도
모른 척 웃어 보일 때도 있지만
그래도, 그래도 난 믿고 있어요
나는 당신이 그냥 당신이라서 좋아요

달빛 아래 둘만의 약속 없이
그저 지금 이 순간을 살아가요

어쩌면 그게 사랑일지 몰라요
이유 없이 좋은 그런 마음

때론 당신 때문에 아플지 몰라도
그 아픔조차도 소중한 선물
그래서, 그래서 난 고마운 거죠
나는 당신이 그냥 당신이라서… 좋아요

지나온 사랑 풍경

08

은은한 사랑 빛깔 우려내어
저의 작은 마음,
한 폭의 캔버스에
소담소담 채색합니다.

당신을 되새김질하며
마음 붓을 이리저리
어루만지우다...
문득,
필연히 피어난 그리움 하나

그려낸 듯 그 사랑의 풍경속,
시간의 결 따라 번져간 물빛처럼
조용히, 조용히
당신의 음성이 번지웁니다.

그 풍경 속 당신...
시간으로 숙성된 멋깔스런
하이얀 머릿카락
저의 사랑고인 손길에 고요히 빗겨지고...

저의 마음,
다시 묻습니다
지나온 사랑이라는 이름으로...
애뜻한 사랑의 풍경으로...

시간을 춤추며

09

시간을 춤추며
꿈을 빚는다.
두근거림이 노래가 되어
퉁퉁, 튕겨져 나가
사랑스런 삶 향해
토닥토닥, 또 꿈을 빚는다.

시련의 손끝이
차갑게 다가올 때에도,
스쳐 갈 이 아픈 시간 향해
작은 격려의 기도를 올린다.

버거운 태양 아래서도
고운 미소를 잃지 않으며,
다가올 우리의 세상을 향해
또 이렇게,
사랑의 기도를 드린다.

사랑하는 몸짓이
세상을 사랑하고
사랑받기를,
하늘 향해 간절히

두 손을 모은다.

사랑하는 오늘아,
잘했어, 정말 잘했어.
아쉬움은 털어내고
다시 가는 거야.

지친 걸음 위에
희망의 향기를 입히고,
사랑의 무대에 서서
또 그렇게,
춤추어 보는 거야.

아침, 가장 설레이는 문장

10

커튼을 비집고
하루의 첫 빛이 얇은 미소로 인사하면,
밤사이 목소리 감췄던 하루가
새 한 마리 노래로 깨어난다.

창문 틈 사이로
바람이 살짝 다녀가면
이불 끝에 내려앉은 햇살도
가만히 나의 하루를 흔든다.

찻물 끓는 소리보다 먼저,
골목 나무 위에서 울려 퍼지는
이름 모를 새의 인사.

나는 꿈을 벗고 눈을 떠,
새로운 오늘의 꿈을 맞이한다.

하루라는 시를 쓰기 전
이 짧고 고요한 순간이
삶에 시에서 가장 설레이는 문장 같다…

지금이 되었네

새로운 책장을 넘기듯
하루를 배워가네
낯선 말들 속에서
내 목소릴 찾아가네

처음 만난 거리와
서툰 인사 속에도
조금씩 내 삶은
너를 닮아가고 있네

흘러가는 시간 속
버겁던 순간도 있었지만
그 모든 걸 지나
내가 선 이곳엔 네가 있어

지금까지 얻은 게 뭐냐 묻는다면
난 주저 없이 말할게,
너와의 추억 웃고, 실망하고, 사랑하고 미워했던
그 모든 감정이 날 살아있게 해

오늘을 입고 또 입어
내일을 향해 걷는 난

너와 함께한 그 기억이
내 전부라고 말할래

낯선 이름, 낯선 풍경
익숙해질 무렵에
나는 조금 더 단단한
사람이 되어 있더라

포기하고 싶던 날
날 일으킨 그 한마디
너의 미소였던 걸
그게 나의 나침반

서툴게 웃고 울며
쌓아온 하루들이 모여
이 순간을 만든
한 줄의 시가 되었네

지금까지 얻은 게 뭐냐 묻는다면
난 주저 없이 말할게,
너와의 추억 도전, 노력, 때론 눈물도 있었지만
그 모든 길 위에 너란 빛이 있었지

오늘을 입고 또 입어
내일을 향해 걷는 난
너와 함께한 그 시간들

내 전부라고 말할래

이 세상에 내가 남긴 하나
작은 흔적이 있다면
그건 너와 나, 우리 둘이
함께한 이야기

지금까지 얻은 게 뭐냐 묻는다면
난 주저 없이 말할게,
너와의 추억 하루하루를 살아낸 그 모든 날이 결국 널 만나기
위한 길이었어

지금이 되었네, 지금의 내가 되어
너와 함께 걷는 지금이
내 전부라고 말할래

안부의 햇살

블라인더 틈 사이로 스며드는
햇살 한 줌의 향기가
살며시 창가에 머물러
너를 떠올리게 해

풀잎이 전하는 속삭임과
바람결 따라 설레이는 마음
지금 이 순간의 고요함이
그대에게 닿길 바래요

소소한 하루, 잔잔한 그리움
햇살로 적어 보내는 안부
멀리 있어도 느낄 수 있죠
우리 마음은 닿아 있으니

커피잔 위로 피어오르는
따스한 온기의 기억
너와 걷던 그 길 위에서
시간은 조용히 흐르네

계절을 따라 흘러온 마음
다시 초록 꿈빛으로 물들어

그대 곁에 닿진 못해도
이 노래로 전할게요

소소한 하루, 잔잔한 그리움
햇살로 적어 보내는 안부
멀리 있어도 느낄 수 있죠
우리 마음은 닿아 있으니

이 은은한 파이란 빛 속에 담아서
오늘도 그대에게 안부를 전해요

사랑하게 하소서

오해가 번져 미움이 되고
미움이 타올라 분노가 되고
가슴 한켠 그늘이 드리워질 때
내 마음, 주저앉지 않게 하소서

말 한마디가 칼이 되지 않게
눈빛 하나로 품을 수 있게

사랑하게 하소서,
순간순간을 사랑으로 채우게
작은 온기로 하루를 감싸
상처 대신 품을 수 있게
사랑하게 하소서,
그 무엇보다 먼저 사랑하게
가슴에 평화가 머물도록
그대와 나, 사랑하게 하소서

때로는 다툼도 있겠지만
이해보다 깊은 사랑이 있길
마음에 닿는 따뜻한 숨결로
우린 다시 시작할 수 있기를

기억 속에도 눈물 대신
웃음이 남게 하소서

사랑하게 하소서,
흔들리는 날 붙잡아 주는 손
작은 말에도 진심이 닿아
서로를 더 알아가게
사랑하게 하소서,
날마다 처음처럼 사랑하게
내 모든 날이 그대를 향해
노래되게, 기도가 되게 하소서

사랑으로, 오직 사랑으로
나의 삶이 채워지게 하소서

그대는 나의 아침

14

넓디넓은 하늘빛 바다 같은 그대여 내 마음 속에 언제나 머물던 풍성함
잔잔한 파도처럼 다가와 나를 감싸 안아주던 그대

높디높은 청빛 하늘 같은 그대여
구름 위를 걷는 듯 느끼던 기쁨
햇살보다 더 따스한 그대
눈을 감아도 느껴지는 너

그대는 나의 하루를 여는 아침
고요한 숨결로 날 깨워주던
푸르게 빛나던 미소 하나로
내 모든 설레임이 시작되었죠

곱디고운 파란빛 미소 같은 그대여 바람결에 실려온 나의 설레임 시간이
멈춰도 좋을 만큼
그대의 눈빛에 머물고파

그대는 나의 하루를 여는 아침
고요한 숨결로 날 깨워주던
푸르게 빛나던 미소 하나로
내 모든 설레임이 시작되었죠

늘 그대는…
내 마음의 아침이었습니다…

이 아침, 사랑을 꿈꾸며

또 하루의 커튼을 열며
살며시 내 맘에 피어난
어제보다 더 빛나는
사랑의 꿈 하나

가슴 깊이 심겨진 소망이
조용히 꽃을 피워내
눈부신 그 미래를
가슴으로 느끼며 난 시작해

이 아침, 사랑을 꿈꾸며
내 하루는 향기로 물들어
숨결처럼 다가온 그날을
두 팔 가득 안고 싶어
보고픈 그 사랑을 안고
다시 사랑을 꿈꾸며
난, 시작해

햇살처럼 따스한 그 기억
가슴을 감싸 안으며
어느샌가 퍼지는 향기
사랑의 이름으로

시간이 멀어져도
그리움은 점점 짙어져
눈 감으면 더욱 선명한
사랑의 미소, 그 미래

이 아침, 사랑을 꿈꾸며
내 하루는 향기로 물들어
숨결처럼 다가온 그날을
두 팔 가득 안고 싶어
보고픈 그 사랑을 안고
다시 사랑을 꿈꾸며
난, 시작해

조용히, 아주 조용히
사랑은 내 하루의 이유가 되고
이 작은 시작이
사랑을 닮기를

이 아침, 사랑을 꿈꾸며
내 마음은 피어나는 꽃 같아
향기로운 그날의 약속
오늘도 간직하며
사랑해, 그 미래를 안고
다시 사랑을 꿈꾸며
난, 살아가

그래, 잘 했어

그댄 왜 그렇게 바보같이 사는가
세상은 묻고 또 비웃는다 해도
그 길이 당신의 진심이라면
흔들리지 않게 하소서

누군가 너를 험담하더라
뒷말이 돌고 돌아 내게 와도
그대의 맘이 고요하다면
흔들리지 않게 하소서

세상 모든 소음 속에서도
진실은 울림으로 남으니

다 잃는다 해도, 전부를 내어줘도
사랑 하나 남았으니 됐다 해 주소서
저의 수호천사여, 이 한마디면 돼요 "그래, 잘 했어"
그 한마디면 제 삶이 족합니다

차가운 눈빛과 무거운 침묵도
그대를 꺾을 순 없겠죠
진심은 언젠가 닿으리니
두려움 없이 나아가소서

험한 세상에 길을 잃어도
그대 향한 믿음은 지키리니
오늘도 내 마음 안에 울리는 말
"그래, 잘 했어"

다 잃는다 해도, 전부를 내어줘도
사랑 하나 남았으니 됐다 해 주소서
저의 수호천사여, 이 한마디면 돼요 "그래, 잘 했어"
그 한마디면 제 삶이 족합니다

가슴에 너

이젠 가슴에 눈이 생겨
너 멀리 있어도 보여
햇살 같은 네 모습
두근거림으로 피어나

이젠 가슴에 귀가 생겨
네 목소리 들려와
속삭이는 바람처럼
날 어루만지는 너의 말

가슴에 너가 살아
숨 쉬듯 느껴지는 너
시간도 거리를 넘어
내 안에 머무는 너

눈이 아닌데 널 보고
귀가 아닌데 널 듣고
내 맘 가득히
너 하나로 채워져

이젠 가슴에 코가 생겨
너의 향기가 불어와

그리움도 따스하게
내 품을 감싸 안아줘

이젠 가슴에 네가 살아
이젠 너는 나의 중심
웃는 너를 느낄 때
세상이 다시 피어나

가슴에 너가 살아
숨 쉬듯 느껴지는 너
시간도 거리를 넘어
내 안에 머무는 너

눈이 아닌데 널 보고
귀가 아닌데 널 듣고
내 맘 가득히
너 하나로 채워져

이젠 가슴에 너 하나
그게 나의 전부야
멀리 있어도
언제나 내 안에 너

가슴으로 맺은 너

18

형제는 말이야
서로 필요해서가 아냐
그저, 문득문득
보고 싶어지는 그런 사람

삶이 준 선물이 아니라
운명이 건넨 필연
내 곁에 너라는 이유만으로
나는 충분했어

다른 길을 걸어도
같은 하늘 아래
내 가슴 속에
늘 네가 살아 있어

형제는 말이야
머리로 맺어진 게 아니라
가슴 깊은 곳에서
저절로 이어진 끈이야

말하지 않아도
서로를 아는 그 마음
우린 삶이 만든 기적

가슴으로 맺은 너

힘들 때 뒤돌아보면
말 없이 서 있는 너
내가 쓰러질까
먼저 눈물 흘리는 너

내일이 두려워질 때
기댈 수 있는 이름
내가 누구인지 잊을 때조차
넌 나를 불러줘

시간이 지나도
세상이 변해도
우린 같은 별을
보며 살아가겠지

형제는 말이야
세상 끝까지 함께 하는
말이 없어도 느껴지는
영혼의 울림이야

끝없이 이어지는
사랑의 또 다른 이름
우린 삶이 남긴 기적
가슴으로 맺은 너

그랬더니 말이예요

| 19

평화로움 가득 담긴
햇살을 품에 안으며
세상의 풍경을 바라보다
입가에 미소 띄워봐요

'예쁘다' 속삭였더니
그랬더니 말이예요
정말 더 예쁘게
세상이 웃는 거 있죠

그랬더니 말이예요
모든 게 더 따뜻해져요
말 한마디, 마음 한조각
세상에 퍼져가네요
예쁘다, 보고싶다, 사랑스럽다
그 말들만으로도
우린 더 닮아가요
햇살처럼, 커피처럼, 빗소리처럼

따스한 커피잔을
입에 살며시 머금고
창가에 기대어 조용히

마음을 건네보죠

'보고싶다' 말했더니
그랬더니 말이예요
그대 얼굴이
더 선명해지는 거 있죠

그랬더니 말이예요
모든 게 더 따뜻해져요
말 한마디, 마음 한조각
세상에 퍼져가네요
예쁘다, 보고싶다, 사랑스럽다
그 말들만으로도
우린 더 닮아가요
햇살처럼, 커피처럼, 빗소리처럼

향긋한 빗내음 따라
기억이 스며들고
가만히 세상을 안으며
말해요, 말해요

세상이여, 오늘도
이쁨과 사랑 가득 받길...
그랬더니 말이예요
정말 그렇게 되더라고요...

그 길을 걸어 가소서!

20

운명이 갈림길을 만들어 놓고 그대에게 선택을 강요 할 때,
오 나의 그대여!
꿈을 향해 걸어가소서!
눈앞에 이익을 누르고 꿈에 길을 가소서!
세상에 더 많은 성장을 이루게 하는 그 길을 걸어 가소서.

운명이 갈림길을 만들어 놓고 그대에게 선택을 강요 할 때,
오 나의 그대여!
사랑을 향해 걸어 가소서!
자신의 욕망을 누르고 사랑에 길을 가소서!
그대가 가야 할 길이 험난하여도 더 많은 사람을 사랑 할 수 있을
그 길을 걸어가소서.

햇살이 열어주는 하루

고마운 햇님이여,
잠든 시간의 문을 두드리며
우리의 닫힌 마음에 빛을 비추어 주소서.
오늘도 온 마음 다해,
사랑스러울 미래를 향한 첫걸음을 내딛게 하소서.

고마운 하늘이여,
푸르게 열릴 새로운 한 달의 문턱에서
꿈을 부르며 손을 잡고,
꿈과 포옹하며
그 품 안에서 함께 춤추게 하소서.

우리라는 따스함이
그 모든 순간에 같이 머문다면,
더 바랄 것이 없겠습니다.

새로운 지금,
당신이 빚어내는 세상에 귀 기울이며
마음을 맞추울 줄 아는
새로움으로 우리를 물들여 주소서.

부디,
오늘의 우리를 새롭게 하소서.
그리하여 내일의 빛이 감사되어
더 깊이 스며들게 하소서.

초록의 그대여

초록의 그대여,
태양의 뜨거움을 받아야만
그 푸르름이 더욱 짙어지듯,
오늘의 고단함도
내일의 숨결로 피어나리라.

초록의 그대여,
세찬 바람에 몸을 적시고
비를 입어야만
그 잎새에 맺힌 물방울처럼
탐스러움이 더해지나니.

사랑하는 초록의 그대여,
흔들리며 피어나는 미소 하나로
오늘을 견디어내소서.

흔들려도 꺾이지 않는 것은
바람 속에서도 살아 있으리라는
그 한 줌의 소망 때문이리니.

오, 사랑하는 초록의 그대여,
오늘의 숨차움과 내일의 버거움을

푸르게 안아내소서.

사랑하는 초록의 그대여,
오늘도 미소 지어내소서.

초록의 그대여,
때로는 구름에 가려 빛을 잃을지라도,
그 속에서도 웃어야 할 이유가 있으니
작은 미소마저도 생의 노래가 되리이다.

초록의 그대여,
마침내 긴 밤이 지나
아침의 이슬에 젖은 빛으로 피어나듯,
너의 기다림도 결국 꽃이 되어
세상 가장 빛나는 숨결로 머물리니.

오, 초록의 그대여,
오늘도 부디, 살아있음의 향기를
세상에 피워내소서.
미소로, 초록으로,
그대스럽게.

가족이라는 이름

가족, 그 이름만 들어도
가슴이 따스해져와
지친 하루 끝, 문득 떠올리면
눈물이 먼저 흐르죠

참으려 해도 차오르는 마음
그 안엔 말 없는 사랑
속절없이 무너지는 이 감정
희생이란 이름의 빛

엄마의 고생했어, 그 한마디
내 삶을 안아주는 말
몰래 흘린 눈물조차
기꺼이 감싸주던 당신

아빠의 조용한 미소는
어느 사랑의 깊이와 말보다
더 조용한 손길,
우리 모두를 토닥이는
가족이라는 사랑의 지휘자

고단한 삶을 건너온

등 뒤의 그늘진 미소
나 대신 아픔을 짊어진
그 발걸음 기억해요

삶의 깊이는 사랑의 깊이
그리고 그 사랑 안에
조용히 피어난 감사의 눈물
소중함을 알게 되죠

엄마의 고생했어, 그 한마디
내 마음을 녹여주는 말
말없이 곁에 있어준
그 사랑 하나면 충분해

우리 서로를 안아주는
그 따스한 울림 속
가족이라는 이름 안에
모든 사랑이 있어요

가족을 떠올리기만 해도
행복이 밀려와요
그 사랑에, 그 존재에
감사해요, 정말로…

나여!

나여...
그대의 얼굴에 그늘이 드리우면
나의 가슴은 캄캄한 밤이 됩니다
한 줄기 빛도 닿지 않는 밤처럼
그댈 따라 숨 쉬는 나의 하루는 멈추죠

나여...
그대의 얼굴에 미소가 번지우면
나의 가슴엔 햇살 머금은 낮이 됩니다
환한 그대 웃음 하나면
세상 모든 슬픔도 녹아내려요

나여, 나를 위해
어색한 미소라도 지어 주세요
서툴러도 좋아요
그댈 느낄 수 있다면
차가운 세상 속에서도
나는 따뜻한 꿈을 꿔요

나여...
그대의 어깨가 축 늘어진 뒷모습을 보면
나의 가슴은 얼음을 머금은 겨울이 됩니다

무거운 그 발걸음 뒤로
고요한 슬픔이 피어나요

나여...
그대의 발걸음에 활기가 느껴지면
나의 가슴은 따스한 햇살 머금은 봄이 됩니다
살랑이는 바람처럼
그대의 웃음이 나를 감싸요

나여, 나를 위해
어색한 춤이라도 추어 주세요
어설퍼도 괜찮아요
그댈 닮은 몸짓이라면
그 순간만은
내 가슴도 봄이 될 거예요

나의 시간이 흐를 때마다
그대 감정에 물든 나
함께 웃고, 함께 울던
그 순간을 잊지 않을게요

나여...
어색해도 좋아요, 진심이면 돼요
그대 곁에서라면
나는 언제나 낮이고 봄이죠

애틋함으로, 오늘

이젠 습관처럼
거울 앞에 서서
당신을 어루만집니다.

그리움으로 곱게 덧칠된
나의 모습 안에서
보고픈 당신이 투영되어
또 하루의 보고픔을 보태어 냅니다.

그리고 혼자 주절거립니다.
"아휴, 왜 이렇게 보고 싶은 거야…"

그러다 문득,
하늘 향해 속삭입니다.
"이렇게 살아있음을 느끼는
애틋한 마음을 주셔서,
정말 고맙습니다."

인연들이시여,
흐르는 삶의 애틋함이
지친 더위의 순간순간
그대의 어깨 위에

살포시 안기길 바랍니다.

오늘도,
보고 싶은 마음 더하며
애틋함으로 살아갑니다.

아련한 기억 속 당신은
어제처럼 선명하고,
내일도 여전히 빛날 테죠.
이 애틋함이 나를 웃게 합니다.

인연과 추억

누군가가 나를 웃게해준 것은
내가 그사람에게 좋은사람 이었기 때문입니다.

누군가가 나를 화나게 했던것은
내가 그사람에게 나쁜사람 이었기 때문입니다.

누군가가 나에게 추억으로 남아 있는것은
내가 그사람에게 사랑으로 대하여 주었기 때문입니다.

삶은 주어지는 소중한 인연과 추억을 쌓아가는 여정입니다

닿았다...

너와 마음이 닿으니...
너가 보고 싶다!
너희와 마음이 닿으니...
너희에게 가고 싶다!
지금과 마음이 닿으니...
지금이 너무도 소중하다!
삶이 나의 가슴에 닿으니...
난 그저 사랑이고 싶다!

왜일까요

왜 이럴까요
세상이 아름답게 느껴지는 건
수수한 풀꽃 하나에
내 마음이 먼저 웃는 건

바람에 흔들리는
그 조용한 속삭임이
화려한 장미보다
더 깊이 다가오는 건

왜일까요
눈부신 무대보다
엄마의 따뜻한 밥 냄새가 더 그리운 건 왜일까요
소란한 세상 속에
작은 평화가 이토록
크게 느껴지는 건

왜 이럴까요
세상이 눈물겹게 아름다운 건
비 오는 골목길에
홀로 핀 웃음 하나 때문일까

쫓기듯 흘러가는
그 하루 끝자락에서
조용한 커피 한 잔
그게 참 고마운 건

왜일까요
스포트라이트보다
낡은 일기장 속 기억이 더 찬란한 건 왜일까요
그저 그런 하루가
이토록 가슴 깊이
남아있는 걸까요

눈에 보이지 않아도
가슴으로 느껴지는
이 작고 소중한 순간들이
나를 살게 하네요

왜일까요
아무 말 없어도
곁에 있는 그대가
전부가 되는 건
왜일까요
이 소소한 삶이
누구보다 아름다운
노래가 되는 건

왜일까요…
정말 왜일까요…

느낌표 하나

흐림이 내리쬐는 거리, 물든 듯 번지는 빛
수채화 속 그 풍경에, 마음 한 조각 얹어두네
숨차게 달려온 하루 끝, 잠깐 멈춘 이 자리
익숙한 풍경 너머로, 나를 스치던 시간들

그때는 왜 그리도
모든 게 궁금했었는지
물음표 가득한 나날들
지금은 조금 다른 결을 따라

이젠 나도 삶의 나이테가
조금씩 커져버려서일까
느낌표 하나, 가슴 위에
조용히 내려앉네
나즈막히~ 맘속 깊이~
웃으며 흘러나오는 독백
"이제야 조금은 알 것 같아,
여유라는 이름의 빛을"

발걸음 천천히 옮겨도, 세상은 그대로 흐르고
한때는 놓쳤던 사람들, 이젠 따뜻이 안아보네
모퉁이마다 스며든, 나의 지난 흔적들
그 속에 피어난 오늘의 내가 반짝이네

하루쯤은 멈춰 서서
차 한 잔에 물든 구름을 보며
그냥 있는 그대로
괜찮다 말해주고 싶어

이젠 나도 삶의 나이테가
조금씩 깊어져서일까
느낌표 하나, 마음속에
잔잔히 물들어가네
나즈막히~ 가슴 속에~
포근히 스며드는 한마디
"지나온 시간도, 지금의 나도
다 괜찮아, 참 잘했어"

흐림 속에도 햇살은 있고
멈춤 속에도 삶은 흐르네
느낌표 하나로 완성되는
오늘이라는 아름다움

이젠, 나여도 될까요

사실은 말이에요,
나도 많이 겁이 났었어요
그저 안 그런 척,
웃어 보였던 거예요
사실은 말이에요,
나도 참 많이 힘들었어요
그저 괜찮은 척,
애써 내색 안 했던 거죠

내가 무너지면
우리 공간이 추워질까 봐
내 추움을 꼬깃꼬깃 숨겨 두었죠

이젠 조금은,
내가 나여도 괜찮을까요
조금은 약한 모습
보여도 될까요
오랜 시간,
안 그런 척 했던 그 모습
이젠 가끔 아주가끔은 눈물을
글썽여도 괜찮을까요

사실은 말이에요,
나도 무척 하고 싶었어요
그저 안 그런 척,
눈을 돌렸던 거예요
사실은 말이에요,
나도 당신을 좋아했어요
그저 무심한 척,
마음을 감췄던 거예요

내가 욕심내면
우리 꿈이 달아날까 봐
내 진심은 멀리 두었죠

이젠 가끔은, 내가 나여도 상관없을까요
잘은 안되겠지만,
진짜 내 맘을 쑥스런 미소로
표현해도 될까요
조금 아주 조금은,
내가 나인 그순간
그 시간앞에서 바보처럼
웃어도 괜찮을까요

서툰 내 마음에 편지를
오늘은 조금 아주조금
세상 향해 끄적이고 싶어요

이젠 조금은,
내가 나여도 괜찮을까요
이젠 가끔은,
나로써 숨쉬어도 될까요
수많은 시간속 넣어둔 나를
당신 앞에 꺼내어도 괜찮을까요
아주조금, 아주가끔

망각의 선물

어제의 상처는 바람에 실려
잊힌 기억 속에 잠겨 가고
시간이 뿌려놓은 망각의 선물
그 위에 오늘을 다시 피워내

조금은 지친 나의 마음에도
아직은 따스한 빛이 스며와

미움은 어느새 그리움이 되고
실망은 다시 희망이 돼
주어진 이 하루를
소중히 안으며
나는 또, 새로운 날을 연다

눈물로 적셨던 지난 계절도
이젠 조용히 미소로 남아
어둠을 견딘 그 순간마다
조금씩 나를 더 밝혀줬지

기억은 흐려도 진심은 남아
그 안에 사랑이 피어나네

미움은 어느새 그리움이 되고
실망은 다시 희망이 돼
주어진 이 하루를
소중히 안으며
나는 또, 새로운 날을 연다

무너졌던 마음 위로
햇살처럼 내려앉는 용기
나를 감싸며 말해줘
"괜찮아, 여기까지 온 너니까"

미움은 그리움이 되고
실망은 희망이 돼
흔들린 어제들을
포근히 안으며
나는 또, 새로운 날을 연다

그냥 계속 웃어줘요

세상을 억지로 맞추려
가슴아파하지 말아요
당신이 틀린 게 아니라
세상이 너무 좁은 거예요

거울을 보며 자책하지 말고
그대로의 당신이면 돼요

그냥 계속 세상을 사랑해요
그냥 계속 지금에 감사해요
그냥 계속, 계속 웃어줘요
당신은 바보가 아니에요
세상이 바보인 거예요

비틀거리는 하루 끝에
혼자 울지 않아도 돼요
당신이 엉망인 게 아니라
세상이 복잡할 뿐이에요

작은 숨결도 의미가 돼요
그 존재만으로 충분해요

그냥 계속 세상을 사랑해요
그냥 계속 지금에 감사해요
그냥 계속, 계속 웃어줘요
당신은 바보가 아니에요
세상이 바보인 거예요

가끔은 무너져도 괜찮아요
당신의 빛은 그대로니까
눈물 속에서도 피어나는
그 미소를 잊지 말아요

그냥 계속 세상을 사랑해요
그냥 계속 지금에 감사해요
그냥 계속, 계속 웃어줘요
당신을 응원할게요
세상이 엉망인 거예요

광야의 가슴에도

초록빛 한 점 없는
뜨겁게 익은 광야 위에
고요가 모래 되어 쌓인다.

입김조차 숨결을 감춘 채
홀로의 시간을 오래 곱씹는 곳,
그대는 기다림마저
잊은 얼굴을 하고 있구나.

해는 빗물 없이 타오르고
별은 고독을 노래하며 진다.

살아간다는 건
이 거친 숨결을
홀로 삼키는 일.

단 한 줄기 그늘 없이
모래는 모래를 안고
끝없는 침묵을 노래한다.

그럼에도 나는 희망한다.
이 황량한 곳의 가슴에도
언젠가 꽃이 피어나기를…

물속의 시

자유로운 그대는
파아란 사랑 향해 춤추는
은빛 화살

묵묵히 나아가는 그대는
깊은 사랑에 몸을 맡긴 꿈

벽 없이 헤엄치는 그대는
넓은 사랑을 이어주는 별

귀가 없어도 가슴으로
물속 속삭임을 안아주는 나무

물 밖 세상의 슬픔에
함께 우는 듯한 등지느러미

오랜 강의 아픈 기억을
한 겹 한 겹 비늘에 품고

지난 태풍의 떨림을 지나
물결을 이겨낸 작은 등

그 시간 속,

감사를 유영하는 한 줄기 시

물고기라는 그대는

물속의 시인...

비 내리는 날, 그대에게

비 내리는 세상,
눈 맞추던 그날의 저편,
문득 마주한 빈 벤치 하나,
그곳에서,
수줍은 미소 머금은
오래전 당신을 보았어요.

나뭇가지 흔드는
바람의 숨결 한가운데,
당신은 풋풋한 향기로 피어나
내 마음 깊숙이 스며들고,

비바람 속 흥얼거림 따라
당신은 서서히 멀어지지만,
그 미소, 그 향기는
이 빗속, 고요한 그리움 되어
조용히 나를 찾아옵니다.

비 내리는 오늘, 그대여,
설렘과 달콤함 가득 담긴
그 시절 당신 같은 하루,
소리 없이 머물다 가시길요.

대나무 숲 우리 집

대나무 숲 한가운데,
작고 포근한 둥지가 있어요.
바람에 고개 숙여도 꺾이지 않는,
그곳은 고운 숨결로 이어진 우리 집이에요.

아빠는 듬직한 대나무 기둥,
세월이 흘러도 중심을 지켜주는 사람.
등뒤에 그림자 드리워도
우릴 향한 사랑은 결코 흔들리지 않아요.

엄마는 부드러운 잎사귀,
햇살 품은 이슬처럼 다정해요.
마음이 시들까 걱정될 때면
달빛처럼 속삭이며 안아줘요.

딸은 귀여운 팬더 한 마리,
대나무 이파리 쏙 베어 물고
장구치며 춤추며 깔깔대며
숲에 웃음꽃을 피워내요.

아들은 대나무를 지나는 산들바람,
조용히 지나가지만,

그가 머문 자리엔 늘
희망의 노래가 울려 퍼져요.

대나무처럼 곧고,
잎사귀처럼 유연한 우리.
서로 다르지만 꼭 닮은 숨결로
한 그루 숲이 되어 자라나요.

억센 바람 불어와도
휘어질 뿐 꺾이지 않는 우리 마음.
비바람 지나고 나면
더 푸르게 돋아나는 사랑.

서로를 기대고,
서로를 껴안고,
가만히 숨 쉬는 것만으로도
충분히 따뜻한 우리네 이야기.

손의 두 얼굴

펴면,
내 손은 보가 되어
햇살을 품고 바람을 어루만진다.
평온을 향한 인사처럼
세상은 내게 길을 열어준다.

그러나

쥐면,
내 손은 주먹이 되어
먹구름을 뚫고 나아간다.
흔들림 없는 선을 세우고
뜨거운 결의로 벽을 두드린다.

펴는 손은 품어 안고
쥔 손은 밀며 나아간다.

평온과 변화 사이,
나는 오늘도
이 두 얼굴의 손을 빌려
세상을 안으려 다가서고,
조금씩 바꾸려 도전한다.

그리하여
나는 삶을 그려간다,
보의 부드러움과
주먹의 결기로...

이쪽 시간, 그쪽 시간

이쪽은 아침,
햇살이 창을 두드릴 때
그쪽은 저녁,
달빛이 마음을 감쌀 때.

제가 "굿모닝" 속에 희망을 담아 전하면
그대는 "굿이브닝" 속에 꿈을 실어 답하죠.

공간도, 시계도
서로 반대편에 서 있는데
당신은 내 하루의 시작이 되고
저는 당신 하루의 끝이 되어 줍니다.

제 시계는
언제나 그대를 향해 뛰고,
그대의 시계도
저를 향해 조용히 달려오죠.

시계 반 바퀴 건너
당신의 한마디에
저의 하루는 환히 열리고,
저의 속삭임에

당신의 밤은 포근히 닫히죠.

그래서 우리는
같은 숨결을 나누며 살아갑니다.
이쪽의 지금은
곧 그쪽의 지금이기에.

이쪽 시간이 그쪽 시간이고
그쪽 마음이 이쪽 마음이고...

한 잔의 세상을 담아

밤이 조용히 내려와
창가에 작은 불빛 하나
빈 잔에 가만히 담아요
오늘을 닮은 세상 하나

쓴맛이 먼저 스쳐가고
달콤한 웃음 머물 때
낯선 말들도 쉬어가죠
술기운 속에 깊어진 채

한 잔은 그리움,
두 잔은 나의 용기
세 잔째엔 못다 한 말
가슴 끝에 흘러내려
이 밤에 기대어
세상과 친구가 되죠
작은 잔 하나,
내 마음을 비춰요

사람은 취해도 되죠
진심만 흐르지 않게
누구보다 솔직해지는

이 순간이 나를 안아줘

한 잔은 쑥스러움,
두 잔은 나의 용기
세 잔째엔 못다 한 말
가슴 끝에 흘러내려
이 밤에 기대어
세상과 친구가 되죠
작은 잔 하나,
내 마음을 비춰요

우리가 흘린 이야기
작은 잔 속에 남아
잊힌 마음조차
따뜻하게 녹아가요

한 잔은 기억을,
두 잔은 나의 진심
세 잔째엔 다시 한번
세상 품에 안겨 보죠
이 밤에 기대어
당신과 친구가 되죠
작은 잔 하나,
우리 둘을 비춰요

작은 잔 하나,
세상을 안아요
우리 잔 둘,
꿈을 안아요
빈 잔에 세상을 담아
사랑을 안아요

산의 안부

추억 빛에 물든 창틀 너머
산이 마음 토닥이며 말을 걸어온다.
"잘 지내고 있니?"

바람결에 실린 안부는
구름 한 줌에 기대어 다가온다.
나무들은 손짓하듯 가지를 흔들고
바위는 묵직한 침묵으로 고개를 끄덕인다.

말이 없을수록 더 깊어지는,
그리움 쌓인 안부.
내가 잊고 지낸 그날들을
산은 묵묵히 기억하고 있었던 걸까.

늘 그 자리에 있으면서도
매번 다른 얼굴로 다가오는 너.
너를 안으려 창문을 여니
풀내음 섞인 산의 숨결,
초록으로 단장한 너의 몸짓,

그 따스한 안부가

오늘 따라

더 가까이,

내 마음에 닿는다.

흙내음의 추억

어릴 적, 햇살 따스한 동네 공터
우리의 웃음엔 늘 흙이 함께 있었다.

좁은 골목,
맨발로 뛰놀던 그 시절~
구슬을 굴리고,
술래를 피해 숨죽여 걷고,
팽이를 돌리고…
그 모든 기쁨의 건반엔
언제나 흙이 놓여 있었다.
그렇게 흙과 함께
시간도 천천히, 둥글게 돌고 있었다.

제기 하나,
흙을 피해 날아올랐다가
가랑잎처럼 내려앉아
다시 흙 위로 포근히 떨어질 때,
우리의 종알거림도
흙결 따라 사라지고 흘렀다.

흙은 그 모든 걸 기억했다.
흙길에 새겨진 작은 발자국처럼~

놀람도, 기쁨도, 울음도
그 품 안에 고요히 안았다.

계절은 바뀌고
우리는 자랐지만,
흙은 여전히 말없이 받아낸다.
낙엽도, 씨앗도,
기억도, 생명도,
모두 다 품에 안고...

그래서일까.
지금도 문득,
비 온 뒤 스며드는 흙내음이 다가오면
내 어린 날 골목 어귀,
너와 나의 웃음소리가
저 멀리서 다시 피어오른다.

자스민, 신의 찻잔

신의 포근한 손길이
새벽 이슬 안고
하얀 꽃 한 송이로 내려와
그대 마음 깊은 곳
삶을 토닥이며 고요히 피어난다.

꽃이 내어준 향기로운 신의 선물,
은은한 숨결로 번지는
자스민의 첫 입맞춤.

상처 입은 시간을 데우듯
천천히, 아주 천천히
찻잔 속에 우아함을 우려낸다.

슬픔도 잠시 쉬어가는 그 향
기쁨도 조용히 고개 숙이는 그 풍미...

그대가 마주한 위로 한 모금엔
한 송이 신의 사랑이 담겨 있다.

곱디고운 잎은 사라져도
감미로운 향은 남아

그대의 추억과 머무는 찻잔.

자스민,
꽃잎이 빚어낸 그대라는 향기는
시간도 걸음을 멈춘 신의 축복.

라벤더의 노래

평온한 미소 머무는 들녘,
라벤더 향이 은은히 번지네.

청초한 자태로 시선을 낮춘 채,
세상의 소란을 조용히 덮어주네.

한 줄기 햇살에도 미소 짓는 그대,
우아함 속에 숨겨둔 겸손함이여.

속삭이듯 피어나는 보랏빛 마음,
빛깔진 그대 사랑은 고요히 깊어만 간다.

나 지금, 그 향기에 안기어
지친 하루를 내려놓고
감사의 숨을 내쉰다.

당신스러운 마음 피어난,
이 작은 꽃에 나를 묻네.

라벤더여,
그대는 은은한 보고픔이자
첫사랑처럼 풋풋한 눈맞춤.

우리를 다시 피어낼 희망을
따스히 품어주는 치유의 다독임.

수국, 그대는 빛깔로 말하네

수국,
그대는 하루에도 열두 번 마음이 흔들리네.
푸르른 햇살이 살며시 스치면
파란빛 물들여 지난 미소를 부르고,
새벽의 새소리에 가슴이 일렁이면
분홍빛 설렘으로 피어난다.

지루한 비가 속삭이며 스며들면
그대는 조용히 기억 속을 걷는다.
눈물처럼 흐르는 빗물 속,
꽃잎마다 옛 이야기를 뇌색하듯 적신다.

백송이 수국 앞에 서면
웅장한 음악이 흐른다.
바람마저 숨죽인 채
그 연주 속으로 마음이 기울여진다.

수국, 그대는 말없이 고요하지만
뭉실뭉실 꽃잎 아래
전하지 못한 진심을 꼭꼭 숨겨두었지.
넘실넘실 피어나는
사랑의 노래처럼.

푸른빛은 기다림,
분홍빛은 설렘,
보랏빛은 아련함,
수국은 말 없이
빛깔로 마음을 전한다.

백합, 그즈음 설레임

그대의 하얀 숨결이
지금을 안으니 희망을 나린다.

그대의 붉은 입술이
미래를 부르니 열정을 입는다.

그대의 분홍 입김이
과거를 흔드니 감사를 뿌린다.

멋스럽게 활짝 핀 노오란 백합이
마치 그즈음 당신의 미소 같아요.

촉촉한 빛을 머금고
하늘을 향해 고개 든 그대는
뭘 찾고 있나요?
그즈음 설레임 한 줌을 그리워 하나요?

흙에서 피어난 그즈음 달콤한 음표들은
향기로 전해져
백합, 그대를 피웁니다.

한 송이 바람이 그대를 시샘해도

꺾이지 않는 백합,
그대 꽃잎 위에
햇님의 응원 한 점 놓고 갑니다.

백합!
그대에게 그즈음 두근두근,
추억의 미소 담긴
시간의 거울을 살짝 놓고 갑니다.

그즈음,
우리의 설레임이 꽃잎 위로 번지듯
세상 가장 고요한 향기로 피어나길,
백합, 그대여,
오늘도 아름답게 피어나 주세요.

풀꽃에게 배우는 낮은 숨

들길을 걷다
들판 모퉁이, 수수한 미소로 인사하는 너를 보았다.

안녕! 이쁜 너는 누구니?
안녕!
난 그냥 바람 오면 바람꽃, 비 오면 비꽃…
사람들은 풀꽃이래.
그냥 편한 대로 불러줘!

바람도 모르게 너를 지나가고
햇살도 모르게 너를 스치어도

길가 풀숲 작은 너는
스스로 이름 붙이지도 않으며
바람결 따라 웃어주는 낮은 숨.

그 낮은 숨결로도
하루를 노래하며 곱게 살아내는
고귀한 숨.

누군가의 사랑 안에 피지도,
누군가의 시에 피지도 않지만,

평화로운 세상을 피우는 기도.

풀꽃, 그대의 낮은 숨으로
꽃빛나는 세상의 풍경화가
정겹고도 곱다.

나도 이제
세상에 흔적을 남기려 애쓰지 않고,
누구의 시선에도 묶이지 않은 채

바람결에 웃으며,
햇살결에 피어나며,
나도 그렇게 낮은 숨으로
오늘을 노래하며 살아가련다.

홀씨가 된 마음

황량한 그 외딴곳에도
꽃은 피고 열매 맺듯
내 마음도 언젠가는
누군가의 웃음이 되길

어두운 밤을 지나,
나 홀로 걷는 이 길
꽃잎이 흐드러진 곳에,
살며시 맘을 뉘이니
모두 어디론가 떠나고
덩그러니 남겨진 나만,
저 홀씨처럼 떠올라

새하얀 노트 한 권,
그 위에 맘을 실어
시간의 허공 향해,
난 글을 띄워요
펜끝에 맺힌 느낌,
한 줄씩 적어내
세상 너머 누군가에게 닿기를 간절히 기도해요

황량한 그 외딴곳에도

꽃은 피고 열매 맺듯
내 마음도 언젠가는
누군가의 미소 될 수 있기를

홀씨 같은 작은 마음
세상 위로 날아올라
다시 피어날 그 꽃 향해
사랑 담아 인사드려요

작은 바람에 실려,
또다시 외딴 자리
외로움 속에 맘을 심고,
소망의 싹을 틔우지
웃음이 피기를,
누구의 곁이든
내 마음의 파편이
따스함 되기를

먼 길 떠날 홀씨 위한,
한 송이 꽃빛 노래
잊혀질까 두려운 맘,
그 위에 조용히 스며
이 시간은 여행이야,
이별도 설레임이야
마음 쓰다듬고 다시 떠나,
또 다른 봄을 향해

황량한 그 외딴곳에도
꽃이 피고 열매 맺듯
내 마음도 언젠가는
누군가의 미소 될 수 있기를

이 홀씨 같은 작은 마음
세상 위로 날아가
다시 피어날 그 꽃 앞에
사랑을 담아 인사드려요

다시 안기어질 따뜻한 바람 기다리며
사랑의 찬가로 남을,
이 홀씨 하나 띄워
조용히, 멀리
세상 너머, 그대 마음 위로

마음의 옷을 갈아입으며

검은 불꽃 속에 사랑의 옷을 입으니,
새벽이 하늘을 부드럽게 키스하고,
타오르는 더위 속에 감사의 옷을 걸치니,
여름 바람이 한숨처럼 불어오네.

조용한 한숨 속에 희망으로 갈아입으면,
우리 눈동자에 꽃이 피어나고,
모든 눈물이 아침 빛으로 바뀌며,
이 순간, 우리는 다시 태어나네.

마음을 바꿔, 하늘을 바꿔,
너 안의 사랑을 높이 날려,
아픔은 흘려보내,
강물처럼 흐르게 해.

마음을 바꿔, 하늘을 바꿔,
너 안의 희망을 피워 올려,
어둠 속에서도 빛은 자라나,
강물처럼 흐르게 해.

검은 불꽃 가슴에 사랑 옷을 갈아입으면,
햇살처럼 고마움이 스며들고,

더위 속에 감사 옷을 갈아입으면,
바람처럼 시원함이 불어오네.

한숨 속에 희망 옷을 갈아입으면,
우리 마음 꽃처럼 피어나고,
어둠 속 작은 빛으로 피어나,
같이 걷는 길이 되어 주네.

마음을 바꿔, 하늘을 바꿔,
너 안의 희망을 피워 올려,
어둠 속에서도 빛은 자라나,
강물처럼 흐르게 해.

마음을 바꿔, 하늘을 바꿔,
너 안의 사랑을 높이 날려,
아픔은 흘려보내,
강물처럼 흐르게 해.

능소화, 그리움의 사다리

담장을 단장하는
붉은 수놓음 하나,
햇살 머문 담벼락 따라
그대는 조용히 피어나네.

태양을 향해
조용히 노래하듯,
오래된 기억을 건너
지난 시간을 불러내네.

수줍이 피었지만
그 어떤 꽃보다
곱고 화려하게
한 계절을 그려내는 그대.

누군가를 향해
오르고 또 올라
하늘에 닿을 듯 피는
그리움의 사다리.

다시 피는 날,
지나간 찬란한 빛이

꽃잎 되어 미소 짓는 날,
능소화여,
그대는 기다림의 얼굴이구나.
그대는 간절한 바람이였구나.

코발트 블루빛 그대섬

코발트 블루빛
칠렁이는 파아란 바다 한가운데,
반짝이는 그대섬에 나, 갇히었다.

그대 품내음이 공간을 물들이고,
숨결마저 파도처럼 다가와
들뜬 마음,
이 푸른 숨결 위에 눕혔다.

이를 어쩌누,
시간이 흐를수록
더 좋아지는 이 섬을.

달빛이 헤엄치고,
바람이 은하처럼 반짝이며 스쳐가는
꿈결 머금은, 그대섬에
나와 우리를 포장하여 보낸다.

그리고,
주문을 외워본다.

시원해져라~

쏴아~

푸른 물결이 내 심장을 흔들고,
바람결에 실린 웃음이 파도 위를 미끄러진다.
잊고 있던 내 어린 날의 웃음이,
물보라 되어 부서져 다시 나에게 돌아온다.

하늘빛을 닮은 그대의 눈동자,
바다빛을 닮은 그대의 숨결,
파도와 별빛이 함께 출렁이며
이 섬을 한 송이 푸른 꽃으로 피운다.

그리고 다시,
파도에게 속삭인다.

시원해져라~
쏴아~

사랑나무

내가 없는 시간엔 세상이 없겠지
내가 없는 공간엔 세상이 없겠지
내가 존재하지 않는 세상엔 모든게 없겠지

그래도 너의 가슴에 남아 있을 내가 있기에
내가 없을 이세상에도 내가 있겠지

잊혀지고 지워진다는건 두렵고도 슬픈일,
나 오늘도 나의 존재 위해 사랑 나무 한그루를 애뜻하게 심어낸다.

사계절이 지나도 또 존재할 사계절위해
사랑나무 한 그루를 내 잎사귀로 거름주어 정성스레 키워낸다.

조물주만 알고 있을 나의 존재 의미이지만 그래도
꺼지지 않을 나의 존재 위해!
사랑 나무 한그루를 영혼으로 일궈낸다.

온통 미안함뿐

온통 미안함뿐,
어머니! 아버지!
먹고 싶은것 제 입에 넣어 주시고
입고 싶은것 제게 입혀 주시고
받기만한체 시간이 흘러
이젠 병드시고 기운 없으신 두 어깨를 보며 가슴이, 가슴이 미어집니다

무엇을 드리면 이 죄스러움이 씻겨질까요
못 드린 사랑, 못 해준 웃음
이제야 죄스럼이 두 손에 남아 슬프게 흘러내립니다

돌아보면 삶은 미안함뿐
사랑한다 말 못한 하루들
죄스러운 마음이 나를 울게 해도
이젠 늦기 전에
사랑해요, 고마워요
작게라도 전하고 싶어요

딸의 웃음, 아들의 눈빛
아내의 눈물, 그 모든 순간
왜 그리 바빠서 놓쳤을까요
받기만 했던 친구들의 마음

돌려주지 못해 미안함뿐입니다

부딪히며 상처 준 기억들이
먹먹하게 나를 부르네요
고맙다고 말 못해 죄송해요

돌아보면 삶은 미안함뿐
사랑한다 말 못한 하루들
죄스러운 마음이 나를 울게 해도
더 이상 늦기 전에
사랑해요, 고마워요
염치 없게라도 전하고 싶어요

이 마음이 무거워도
이 길 끝에 서서라도
이제야 전하고 싶어요
사랑한다는 그 한마디로

돌아보면 삶은 미안함뿐
사랑한다 말 못한 하루들
죄스러운 마음이 나를 울게 해도
더 이상 늦기 전에
사랑해요, 고마워요
지나온 삶에게 전하고 싶어요

하얀 그림자에게

넓다란 세상 풍경 한켠,
익숙한 삶의 소음들이
관현악 합주처럼 허공을 더듬어
나의 길 옆으로 다가선다.

덩그러니, 나 홀로 선 자리에
다정히, 지나간 나의 시간들이
그림자 되어 안겨온다.

포근한 숨결로,
시간이 아무리 떨어져 있어도
하이얀 너는 늘 내 곁에 있고,
오늘도 그런 다정스레한 너를 향해 나 홀로 독백을 내뱉는다.

"이보세요, 그림자님,
왜 이렇게 매력이 넘치는 거얌?"

보이지 않는 시간 속,
하얀 옷을 입고 나를 쫓는 너에게
작게 중얼거림을 남겨본다.

나는 오늘도 조금씩 삶에

미쳐가고 있나 보다,
나의 모든 흔적마저 사랑스럽고,
멋지니 말이야...

오늘따라 흰 그림자 속 보이는 지나온 모든 시간들이
너무도 좋고 좋습니다.

고백 그리고 다시 사랑

사실,
나는 너를 많이 좋아했어.
그때 사실 나는
마음이 많이 아팠어.

나의 자리,
나의 책임,
그리고 너를 향한
따스함 사이에서 힘들었어.

하늘이 인연을 만들고
다시 그 인연을 가시밭길로
앗아갔지...
그렇게 시간의 흐름은
인연의 시작과 끝을 작곡했지.

세월이 흐르고,
많은 것이 변해,
이제는 서로가 다른 공간,
다른 시간에서 하루를 맞이해.

모든 것이 변해,
서로가 걷는 길도,
보는 풍경도 다르지만,

그래도, 오늘
나는 너에게 처음 고백해.

네가 잘 되었으면 해,
네가 늘 평안했으면 해,
이 시간,
네가 사랑을 받았으면 해.

오늘,
성당에서 돌아오는 길,
너를 위해 기도했어.
그리고 고백했어.

언젠가 다가올 삶의 마지막 인사에
너의 미소 한 점 떠오르길.
너는 나에게 푸르른 꿈이었고,
너와 함께한 그날들은
설레였던 나들이 같았다고.

나는 가끔 파아란 하늘에 고백해

네가 잘 되었으면 해.

네가 늘 평안했으면 해.

그리고,

네가 사랑 받는 삶을 살았으면 해.

하늘이 주신 인연에게

우리가 만나 함께 걸은 길,
그 길 위에 피어난 작은 꽃처럼
서로의 하루를 밝혀 주었지.

어제의 우리도, 오늘의 우리도,
그리고 내일의 우리도
서로 다른 꿈을 안고서도
같은 하늘 아래 숨 쉬며 걸었어.

우리는 알게 모르게
세상을 조금 더 아름답게,
인류를 조금 더 사랑스럽게 만드는
하늘이 준 사명으로 살아가고 있었어.

네가 웃을 때,
내 마음도 빛났어.
네가 견딜 때,
내 기도도 깊어졌어.

이 만남은 우연이 아닌
하늘이 우리에게 맡겨 준 소중한 기적,
서로의 가슴에 작은 등불을 켜

더 멀리, 더 높이, 함께 날게 해 주었지.

고마워. 사랑해.
우리, 함께여서 참 다행이야.
앞으로도 이 길 위에서
세상을 더 사랑스럽게,
인류를 더 아름답게,
우리 함께 만들어 가자.

바보처럼 웃는 우리

하루의 끝은 분명 있어도
우리의 삶은 어디서 끝날지 몰라요.
우리 동네엔 골목 끝이 있지만
우주의 끝은 아무도 모른다네요.

사계절은 빙글빙글 옷을 갈아입지만
내 마음은 도통 계절을 잊은 채
더웠다 추웠다,
흐르다 멈췄다,
해매이며 어설피 웃고 있어요.

그래서일까요,
나는 어른의 옷을 입은 아이처럼
쯤 바보같이 웃어요.
삶이 계절을 더할수록,
말도 망설이고, 표현도 어눌해져요.

그런 나의 옆에
당신이 있어 든든해요.
같이 바보처럼 웃어주는
그 따뜻한 눈빛이 있어서요.

당신이 쑥스러이 웃을 때면
그 안에 내가 있어요.
당신 웃음에 비친 나는
조금 덜 외롭고, 조금 더 괜찮은 사람이거든요.

그래서 오늘도
끝이 어딘지 모르는 삶 중에 이 순간을
공간은 떨어져 있어도 당신과 함께
바보처럼, 해맑게 웃어요.

삶을 춤추우는 그대,

말하지 않아도 알겠어요
그대의 표정, 손짓,
조심스레 내딛는 발걸음,
하늘을 향해 피어나는 몸짓.

말하지 않아도 느껴져요
그대가 전하는
사랑, 아픔, 그리고 조용한 위로.

그대의 춤 위에
차가운 햇살이 스미고
따스한 눈 내리는 날이 내려앉아요.

나는 들어요,
그대의 춤을,
나는 느껴요,
그대의 삶이 들려주는 춤이라는 노래를.

말보다 깊은 떨림,
언어보다 큰 울림 속에서
그대는 꽃 한 송이 되어
위로를 전해요.

그대의 춤을 통해,
나는 사랑을 배우고
나는 삶을 배워요.

삶을 춤추우는 그대,
그대를 통해 내 삶도 사랑이 춤춰져요.

그리고 어느 날,
그대가 잠시 멈추더라도,
그 흔적은 바람이 되어
세상 안에서 영원히 춤출 거예요.

그대의 춤은,
우리 안의 사랑이 되었어요.

아픔이 머무르지 않기를

많이 아프시죠?
그 말조차 왜 이리 아플까요,
왜 이리 속상할까요...

당신의 아픔은 말없이 자라,
제 마음을 칠흑처럼 물들이고,
그 신음은 저의 가슴에 닿아
소리 없는 비명이 되었습니다.

당신의 고통을
제가 대신할 수 있다면
기꺼이 이 몸 내어드릴 텐데,

지금
제가 할 수 있는 건
새벽을 깨워 홀로,
깊은 어둠 속에서
올리는 기도뿐입니다.

당신의 미소를 기다려요,
햇살처럼 번지는 그 웃음을.
당신의 노래를 그리워해요,
조용한 방을 채우던 그 멜로디를.
서툴지만 사랑스런 당신의 춤을,
활기찬 당신의 목소리를
하루하루 그립니다.

오늘 밤도
잠들기 전 촛불 하나 밝혀
간절히 기도합니다.
부디,
당신의 모든 하루에
아픔이 없기를…
더이상 아픔이 머무르지 않기를…

아픔도 언젠가는
스치우는 바람의 이야기가 되고,
이별의 시가 되어
당신께 머무르지 않기를…

그리고 언젠가
당신의 눈동자에 고요한 평화가 내려앉고,
그 마음의 겨울 끝에
따스한 봄이 피어나기를.

그때 저는
당신 곁에서 조용히 웃으며,
함께 걷는 오늘이
기적이었노라, 말하겠습니다.

밥 짓는 하루

하루를 또 밥으로 지었다
한 달을 또 밥으로 버텼다
일 년을, 평생을
식탁 위 쌀알처럼 두려움을 살아냈다

가족의 웃음을 위해
아버지의 구두 밑창에 얽힌 먼지,
어머니의 허리에 남은 깊은 아픔,
그 따스함으로 자란 아이의 웃음이
다시 세월에 엉겨붙은 밥풀이 되었다

다들 먹고 살기 위해
비바람을 견디고
참았고, 다시 일어섰고
아무도 몰래 울고, 또 닦고

그렇게 "모두들 사는 것이
다들 그래", 하고 웃어 넘기지만
그 웃음 속에
우리가 살아낸 모든 시간이 있었다

그러다가

어느 날,
이 빛나는 식탁을 떠날 때가 오면
서로를 꼭 안고,
오늘도 잘 먹었다,
밥아! 그동안 고마웠어,
그 말 하나만 남기고 갔다

다시 아이는 아버지가 되고
다시 아이는 어머니가 되고
남은 사람들의 하루가
다시 밥이 되고,
다시 빛이 되고,
다시 사랑이 되었다

오늘도 밥 짓는 하루를 살아내는
우리 모두의 걸음이
괜찮은 척, 좋은 척, 씩씩하다

그래도, 서로의 밥 짓는 내음이
저녁길에 돌아오는 발걸음을 붙잡아 주기를
그래도, 서로의 밥 짓는 노래가
허기진 마음을 한 번쯤 안아주기를

다들 그렇게 사니까,
그래서, 우리도 이렇게 살아내니까,
그게 사랑이었다는 것을
늦게라도 알 수 있기를.

구수한 아침의 감사

시계의 알람이
하루를 잔잔히 깨워내고
식탁이 내게 묻는다,
오늘 아침은 뭘 먹고 싶니?
음~~빵~~

고요한 주방 가득
구수한 빵 내음이 번지고.
오늘 내가 나에게 보내는 응원이
따뜻한 빵 안으로 스며든다.

손끝으로 떼어낸
하얀 속살 한 조각,
그 작은 온기에
삶의 다정~ 섬세한 위로가 베인다.

바쁨 속에서도 아침 빵 앞에 놓인,
"아침 꼭 먹어~ 알았지~" 라는
사랑스런 엄마의 마음 한 점,
구수한 빵에 녹여내어
감사라는 단어로 먹어낸다.

입 안 가득 퍼지는 고소함처럼
오늘도 고맙다는 말을 삼켜본다.
구수한 아침에 감사하며,
하루를 시작한다.

그 순간, 그대로 | 61

출근길, 아침 햇살이
살며시 창문 틈을 비집고 들어와
어깨 위에 포근히 손을 얹는다.
"수고해!"

익숙한 골목 모퉁이,
건너편 이웃의 멋쩍은 웃음이
말 없이 오늘도
"괜찮지?" 하고 안부를 건넨다.

나의 희망은
스쳐가는 웃음소리처럼,
나의 불안은
식탁 위 갓 끓인 국의 김처럼,
잠시 피어올랐다
조용히 사라진다.

저녁노을은
하루를 접는 붓질처럼
지친 마음을
포근히 감싸 안는다.
"수고했어."

그 모든 것이
잠시 머물렀다
아무 일 없던 듯 사라져도~

나는 안다.
그 찰나들이
내 하루의 전부였음을.

사랑함에..,

사랑함에 얼마든지 기다릴 수 있어,
너도 잘하고 싶겠지...,

사랑함에 얼마든지 참아낼 수 있어,
너도 많이 힘들겠지...,

난 너가 건강한 것 만으로 하늘에 고마워!

난 너가 오늘도 많이 웃을 수 있기를 기도해!

너를 사랑함에 난 행복해!

수거차가 지나간 아침

부웅~
아침에 밀려 지나간 흔적들이 사라진다.
비닐 속에 숨겨둔 우리 삶의 시간들,
먹다 남긴 망설임들,
찢기어진 우리 마음의 포장까지.

철컥, 철컥
수거차에 실려 어디론가 가는 소리.
처음 만났던 너와의 설레임이
미안함이 되어 너에게 작별을 인사한다.

네가 실린 트럭이 모퉁이 돌아,
너의 모습은 보이지 않는다.
나는 그제야
빈 길에 서서
너와의 추억을 다시 곱씹는다.

신선한 아침 공기 한 입 입에 물고
어딘가에서 곱게 변해 다시 만날
그날을 희망한다.

어깨에 짊어진 무거운 세상이

조금은 가벼워 보인다.
버려야 시작되는 게 있다는 걸
아침마다 다가온다.

텅 빈 손에도 남아 있는 온기처럼,
비워낸 마음에 다시 스미는 햇살처럼,
우린 그렇게 매일 조금씩 새로워진다.

곡선미

굴곡이 없는 삶이 어디있겠니,
곡선미 안에는 자연의 순응미가 느껴져 참 평안하다.

굴곡이 없는 삶이 어디있겠니,
곡선미 안에는 많은 인연의 연결미가 느껴져 참 사랑스럽다.

굴곡이 없는 삶이 어디있겠니,
곡선미 안에는 공감과 나눔의 인간미가 느껴져 참 좋다.

일월 어느 한 날

일월 어느 한 날,
마음을 세어봅니다.
하나~둘~셋~넷~다섯....
무수했던 초시계의 째각거림....
빛바래진 설레임의 시간들이 은은한 커피향과
어우러져 지금을 자유케 합니다.

일월 어느 한 날,
시공을 초월한 당신향한 "바라봄"은 늘 그랬듯이
오늘도 잔잔한 설레임으로 포장되어 지금을 꽃 피웁니다.

일월 어느 한 날,
시간으로 숙성되어진
지난 인연의 미소를 한 모금 입에 머금고
'여물어짐' 가득한 그리움으로 지금에 취해봅니다.

오월엔 꽃피우게 하소서!

오월엔 꽃피우게 하소서!
오월가득 아름 아름 장미꽃 피워내어 두근 두근 사랑내음 안게 하소서!

너의 오월엔 꽃피우게 하소서!
오월가득 풍성 풍성 모란꽃 피워내어 지난 상처 토닥 토닥
치유내음 안게 하소서!

사랑하는 너의 온 오월엔 꽃피우게 하소서!
오월가득 방글 방글 튤립꽃 피워내어 하하 호호 기쁨내음 안게 하소서!

너의 오월엔 허드러지게 꽃피우게 하소서!

6월에는 새롭게 하소서!

하루를 열어주는 고마운 햇님이여!
갇힌 시간의 빗장을 열어 온맘으로 미래향해
도전하게 하소서!

한 달을 열어주는 고마운
파아란 하늘이여!
꿈에 손을 잡고
꿈과 포옹하고
꿈과 어우러져 함께 춤추게 하소서!

새로운 6월에는 당신이 빚어내는
세상에 공감하며 마음 맞추울 수 있도록, 저희를 새롭게 하소서!

부디 저희를 새롭게 하소서!

9월엔 행복짓게 하소서!

파아란 빛깔로 붓칠한 9월의 깊은 하늘아래 같이 손잡고,
같이 웃고, 우리같이 춤추게 하소서

9월엔 우리같이 춤추게 하소서!

여름내 숨겨진 산골짜기 선선한 숨결이 9월의 들판을 넘고
강을 건너 삶에 지친 당신을 토닥이게 하소서

9월엔 당신을 토닥이게 하소서!

먼 길 외로이 걸어온 당신이여, 이 가을 9월엔 코스모스 미소되어
행복짓게 하소서

9월엔 당신이 행복짓게 하소서!

또 하나의 가을을 보내며...

69

황색으로 채색된 거리 낙엽길 한켠,
따스한 사랑 한 폭이 시린 바람에 실려 전해옵니다.

만산홍엽이 북풍 맞아 한 해 끝을 재촉해도
이 가슴 한켠엔 초록향 담긴 그 계절이 심겨져, 사랑을
몸짓하며 사그락 사그락 삶의 추억을 연주합니다.

평화를 빕니다!

나눔의 메아리가 상처되어 온 맘을 두드려도 그대여 부디
평화를 빕니다!.

온정의 손길이 오해되어 온 맘 을 얼게해도 그대여 부디
평화를 빕니다!

최선의 노력이 최악되어 온 맘을 울리여도 그대여 부디
평화를 빕니다!

사랑하는 나의 사랑이여!
미움과 슬픔 밀어내고 부디 늘
평화를 빕니다!

당신의 하루에 머물게요

저　　자　　표 진 구
발 행 일　　2025. 08. 19
출 판 사　　도서출판 애플북
I S B N　　979-11-93285-47-3 (03810)
발 행 처　　도서출판 애플북

이 책은 저작권법에 따라 보호받는 저작물이므로
무단 전재와 무단 복제를 금지합니다.